朱爱朝

——编著

明月来相照

古诗原来可以这样学

弦月篇

人民文学出版社

目 录

三年级 上册

四年级 下册

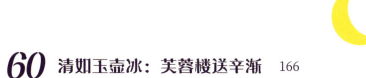

三年级

上册

所见

[清] 袁枚

牧童骑黄牛，
歌声振林樾。
意欲捕鸣蝉，
忽然闭口立。

袁枚二十四岁中进士，三十八岁就开始隐居在江宁的小仓山。江宁，就是现在的南京。袁枚买下了隋公的园子，这是一个很久没有人住的园子。袁枚把它进行改建，起名叫"随园"。在近五十年的时间里，袁枚都生活在这个清幽的园子里，读书、创作、与朋友吟咏诗赋，过着恬静的生活。

　　袁枚的诗清新自然，很有情趣。他认为写诗应该"有我"，表达出真实的情感与自我的性情。

　　"歌声振林樾"，樾，是"树荫"的意思。林樾，指道旁绿树成荫的树林。牧童骑在黄牛背上，歌声在树林中回荡。突然，牧童闭上嘴巴，轻手轻脚走到了大树旁。原来，他想去捕捉树上鸣叫的知了。

　　牧童悠闲又快乐。他骑在牛背上，用大声歌唱，来表达自己的欢喜。"振林樾"，那该是多么嘹亮的声音。

　　牧童很顽皮，想去捕树上的知了。从骑在牛背上到悄悄站在树旁，从大声歌唱到赶紧闭上嘴，一"闭"一"立"，瞬间的动作变化，写出了牧童的机灵。

诗在这儿戛然而止，却引发我们无限的想象。牧童会怎样捕捉鸣蝉？他捉到了吗？我们可以充分发挥自己的想象，来续写《所见》，再次去感受牧童的天真与自在。

说说 "歌" 字：张开口唱起来

可　訶　歌　歌

甲骨文　　金文　　小篆　　楷书

　　小篆的 "歌" 字，左边是 "哥" 字，表示 "歌" 的读音。右边的 "欠" 字，像一个站着的人，大大地张开口，好像在歌唱。

说说"声"字：磬声八耳

| 甲骨文 | 小篆 | 楷书 | 简化字 |

　　抽象的声音怎么用文字来表现？甲骨文的"声"字，左上角是一种用石片制成的乐器，叫作"磬"。"声"字的右边，是一只手拿着槌来击打磬，中间有"耳"和"口"。手拿槌击打磬，磬发出声音，传入了耳朵，这就是"声"字。

29 为枫叶而停留

shān xíng
山行

[唐] 杜牧

yuǎn shàng hán shān shí jìng xié
远上寒山石径斜，

bái yún shēng chù yǒu rén jiā
白云生处有人家。

tíng chē zuò ài fēng lín wǎn
停车坐爱枫林晚，

shuāng yè hóng yú èr yuè huā
霜叶红于二月花。

"秋风发微凉，寒蝉鸣我侧。"曹植说，秋风带来凉意，寒蝉在我身边哀伤地鸣叫。春去秋来，时间在流逝；寒蝉短促的生命，在秋天即将走到尽头。秋风和寒蝉，都给人以凄凉的感觉。

　　在万物凋零的秋天，诗人常常会感到悲哀，写下伤感的诗句。杜牧却在秋天发现了蓬勃的生命力量。

　　"远上寒山石径斜，白云生处有人家。"径，是"小路"的意思。一条小路弯弯曲曲伸向山头。在白云飘浮的地方，有几户人家。随着诗人的目光，我们看到了连绵的山、蜿蜒的山路、缭绕的白云和山上的人家。

　　"停车坐爱枫林晚，霜叶红于二月花。"坐，在这里是"因为"的意思，和我们今天的意思完全不一样。深秋时节，傍晚时候美丽的枫林景色，让诗人停下了马车。在夕阳的照耀下，经过秋天的霜染过的枫叶，比二月的花朵还要红艳。农历二月，比初春温暖，又没有到暮春花落的时候，花开得最美丽。枫树的叶子经寒霜之后变成了红色，它的火红，胜过了二月的花朵。秋光中的霜叶，有着春天的花朵没有经历过的风霜的历练。夕阳下的枫林，带给诗人惊喜。"霜叶红于二月花"，是诗人深深的感叹。秋天，也蕴含着像春天一样的勃勃生机。

诗人停下车来，只因为那一片枫林。我们会为一片叶子、一朵鲜花、一棵大树而停留吗？

说说"处"字："人"坐"几"上

金文　　　　小篆　　　　楷书　　　　简化字

　　金文的"处"字，是"人"坐在"几"上休息的样子。"处"的本义是"居住"，由"居住"的意思，引申为"停止"，后来又引申为"处所"等意思。

说说"车"字：轮子转哪转

甲骨文　　金文　　小篆　　楷书　　简化字

　　甲骨文的"车"字，中间的长竖线是车辕，车辕的上面是"衡"，是驾马的地方。两个圆形是车轮，两个车轮之间，有"轴"，靠轮子的外边还有"辖"。"辖"管着车轮，不让它脱出"轴"外的插销。轮子里面简化的线条，代表的是"辐"，也就是轮心向四边放射的撑条。

赠刘景文
zèng liú jǐng wén

[宋] 苏轼

荷尽已无擎雨盖，
hé jìn yǐ wú qíng yǔ gài

菊残犹有傲霜枝。
jú cán yóu yǒu ào shuāng zhī

一年好景君须记，
yì nián hǎo jǐng jūn xū jì

最是橙黄橘绿时。
zuì shì chéng huáng jú lǜ shí

苏轼和刘景文趣味相投，有很深的友情。《赠刘景文》是苏轼送给刘景文的一首诗。

　　"荷尽已无擎雨盖，菊残犹有傲霜枝。"初冬，满池的荷花和荷叶已经不见踪影；菊花虽然凋谢，却还有不畏惧寒冷霜冻的枝干。两句诗，一句写荷，一句写菊，在"已无"和"犹有"的对比里，可以看到诗人对菊的欣赏。菊花在秋天黄得饱满灿烂，它仿佛聚集了太阳的精华，所以被称为"日精"。菊花凋残之后，仍然有傲立的枝干。

　　"一年好景君须记，最是橙黄橘绿时。"一年中最美好的景致，是橙子金黄、橘子青绿的初冬时节。"一年好景""最是"，鲜明地表达出诗人对橙与橘的赞美。"橙黄橘绿"和"荷尽""菊残"的对比，更加衬托出橙和橘的盎然生机。

　　"君须记"，是苏轼对刘景文的勉励。即使正处在像冬天一样寒冷的艰难生活里，苏轼也希望刘景文能像橙和橘一样，展现自己的精彩。

　　菊和橘在诗中是常见的意象，并且在诗歌创作的过程中有了特定的意义。菊被称为坚贞不屈的"霜下杰"，它有傲对霜冻的风骨。橘树是诗人们歌颂的美好的树。在《赠刘景文》中，苏轼也用菊和橘，给刘景文以勉励。

说说 "年"字：人搬运庄稼

| 甲骨文 | 金文 | 小篆 | 楷书 |

甲骨文和金文的"年"字，上面是"禾"字，下面是脸朝向左边的"人"。稻子成熟了，割下来扎成捆，然后背回家去。"年"字，是人搬运庄稼的样子。古时候，庄稼收割完毕之后，要过一个庆丰收的节，这个节，就叫"年"。古时候，稻子一年成熟一次。西周以后，以"年"纪岁。

说说"须"字：胡须长出来

| 甲骨文 | 金文 | 小篆 | 楷书 | 简化字 |

"一年好景君须记"的"须"字，是"必须""应当"的意思。"须"字的本义是"胡须"。在甲骨文和金文的"须"字里，可以清楚地看到人的嘴上长了三根胡须，为了突出胡须的样子，画得特别夸张。"三"有表示多数的意思，所以三根胡须就代表了很多胡须。

夜书所见

[宋] 叶绍翁

萧萧梧叶送寒声，

江上秋风动客情。

知有儿童挑促织，

夜深篱落一灯明。

《夜书所见》是南宋诗人叶绍翁的诗。萧萧的风声，吹动梧桐叶，送来阵阵寒意。江上的秋风，触动了游子的思乡之情。夜色中，篱笆边灯火闪烁，原来是孩子们正提着小灯在捉蟋蟀。

梧桐是知季节的树。宋朝的时候，"立秋"的时辰一到，太史官会高声喊："秋来了。"栽在盆里的梧桐就被移到了宫殿里面。"萧萧梧叶送寒声"，深秋时节，寒意袭人，梧桐叶纷纷摇落，诗句一开始就营造出萧瑟的氛围。

秋风里，黄叶满地，天气越来越寒冷，在外漂泊的人，更加想念温暖的故乡。

"洛阳城里见秋风，欲作家书意万重。"客居洛阳的张籍，在秋风里想家了。他想写一封信给家人，好多好多话涌上心头，一时竟然不知从哪里写起。

"秋风起兮木叶飞，吴江水兮鲈正肥。"晋代的张翰在北方做官，秋风呼啸中，他想起了故乡的菰菜、莼菜、鲈鱼，竟然辞去官职，返回家乡。

江上寒意袭人的秋风，也触动了叶绍翁的怀乡之情。

孩子们在夜色中提着灯来捉蟋蟀的情景，让叶绍翁回想起小时候在家乡，自己也曾经和小伙伴们这样玩耍。孩子们的快乐无忧，衬托出叶绍翁此时的孤独凄凉。

　　这首诗从风的声音和寒冷的感觉写起，再写到儿童捉蟋蟀的场景，最后以"夜深篱落一灯明"作为结束，让画面停留在篱笆边的温暖灯火里，让人回味。

说说 "风" 字：虫儿飞

小篆　　　　楷书　　　　简化字

　　风看不见、摸不着，该怎样来表现？小篆的 "风" 字用 "凡" 来表音，因为 "凡" 和 "风" 读音相似。小篆的 "风"字用 "虫" 来表示意思。这种小虫子叫蠓，比蚊子还要细小，当一群蠓虫上下飞的时候，就预示着要刮风了。我们的祖先发现了这种现象，造出了 "风" 字。

说说"情"字：情在心里

小篆　　　　　楷书

　　小篆的"情"字，左边是心的形状，表示"情"是蕴藏在心里的。右边是"青"，用来表音。

32 水壮山雄

望天门山
wàng tiān mén shān

[唐]李白

天门中断楚江开，
tiān mén zhōng duàn chǔ jiāng kāi

碧水东流至此回。
bì shuǐ dōng liú zhì cǐ huí

两岸青山相对出，
liǎng àn qīng shān xiāng duì chū

孤帆一片日边来。
gū fān yí piàn rì biān lái

东梁山和西梁山对立着，像是撑起了天空的两扇门，这两座合起来的山，就叫天门山。两座山中间，长江奔流而过。乘船而下的李白，远望天门山，见到了怎样的景象？

"天门中断楚江开"，诗人想象着，天门山本来是合拢在一起的，只是因为长江的猛烈冲击，才让天门山裂开成两座山，一座叫东梁山，一座叫西梁山。这该是怎样汹涌的江流，才让诗人产生这样大胆的想象？

两座山夹江对立，中间的通道狭窄，江流滔滔滚滚而来，必定会激起巨大的回旋。"碧水东流至此回"，让我们仿佛看到水流被阻挡时，掀起的大浪，看到江水的咆哮翻滚。

李白乘坐小船顺流而下，远处的天门两山映入眼帘。"两岸青山相对出"，是李白对又高又陡的山势的惊叹；"孤帆一片日边来"，夕阳下顺流而下的船，行驶快速，让安静耸立的山仿佛也在迎接诗人的到来。诗人与山相逢、与水相会的欣喜，奔涌而来。

水壮山雄，生命直接爆发出来的决然力量，与青年李白的内心相呼应。

这是李白出巴蜀后初次经过天门山时写下的诗。四句诗，充满了澎湃的力量。这是青年李白的吟唱，他渴望像山一样雄奇，像水一样冲决一切，向前奔腾，渴望生命的全然释放。

说说"至"字：箭落到了地面

甲骨文　　金文　　小篆　　楷书

　　甲骨文的"至"字，最下面的一横表示地面，箭落到了地面。"至"表示抵达终点，所以有"到达"的意思。箭所到达的地方可以说是一种极限，因此有"极"的意思，表示到达了顶点。抽象的意思，通过图画般的场景巧妙地表现了出来。

说说"来"字：一株小麦

| 甲骨文 | 金文 | 小篆 | 楷书 | 简化字 |

　　甲骨文的"来"字，是一株小麦的样子，有垂下来的麦穗，有叶，还有根。"来"最开始的意思是"小麦"，到后来假借为"来去"的"来"。

yǐn hú shàng chū qíng hòu yǔ

饮湖上初晴后雨

〔宋〕苏轼

shuǐ guāng liàn yàn qíng fāng hǎo
水光潋滟晴方好，

shān sè kōng méng yǔ yì qí
山色空蒙雨亦奇。

yù bǎ xī hú bǐ xī zǐ
欲把西湖比西子，

dàn zhuāng nóng mǒ zǒng xiāng yí
淡妆浓抹总相宜。

这首诗是苏轼在杭州任太守的时候写下的。诗的题目中包含了很多信息，诗人在西湖饮酒游赏，最开始是晴天，然后下起雨来了。

晴空下的西湖，水波荡漾，阳光在波光中跳跃、闪烁。细雨飘落，远山笼罩在烟雨中，时隐时现，朦胧中另有一番奇妙的景致。如果把西湖比作西施，不管是淡妆还是浓妆，都显得很自然，让人觉得美妙合宜。

"水光潋滟晴方好"写的是天晴时的湖水，"山色空蒙雨亦奇"写的是雨中的山色，"好"和"奇"表达出诗人对湖光山色的赞美，也表现了诗人游湖时的满心愉悦。"欲把西湖比西子，淡妆浓抹总相宜"，用一个比喻写出了西湖的神韵。西子，指的是春秋时越国的美女西施，西施天生丽质，她的美是与生俱来的，所以不管怎样打扮，都非常美丽。诗人用西施来比喻西湖，说明西湖本来就很美丽，所以无论是晴还是雨，总是相宜。

这首诗极力描写西湖的美，用"淡妆""浓抹"来代表雨天和晴天。苏轼把西湖比作西子，这个比喻在他的诗中很常见。不管是不是杭州的西湖，只要是叫作"西湖"的，他都会用上这个比喻。

说说"亦"字：腋下

| 甲骨文 | 金文 | 小篆 | 楷书 |

"亦"字的本义是"腋"。甲骨文的"亦"字表示人的手臂下面有两个点，好像在告诉你，这里就是腋下。后来"亦"被假借为虚词使用，表示"也"的意思，所以就另造出了"腋"字来代替"亦"字。因此，"亦"就只作为虚词使用，不再有"腋下"的意思了。

望洞庭

wàng dòng tíng

[唐] 刘禹锡

hú guāng qiū yuè liǎng xiāng hé
湖 光 秋 月 两 相 和，

tán miàn wú fēng jìng wèi mó
潭 面 无 风 镜 未 磨。

yáo wàng dòng tíng shān shuǐ cuì
遥 望 洞 庭 山 水 翠，

bái yín pán lǐ yì qīng luó
白 银 盘 里 一 青 螺。

那一年的秋天，刘禹锡赴和州任刺史，途经洞庭湖，遥望秋天月光下的湖水，写下这首诗。

　　秋天的月夜，湖水的光亮和月色相互交融。没有风的时候，湖面仿佛还未打磨过的铜镜。遥遥望去，山越发青翠，水越发清澈。湖中的君山，就像是白色银盘里的一颗青螺。

　　月光下的洞庭湖，有着不一样的美。"湖光秋月两相和"，湖面笼罩着秋月的清辉，波光粼粼。"两相和"，让湖光与秋月有了人的温度，仿佛在相互吸引、相互成全。水天一色，交融无间。"潭面无风镜未磨"，湖面平静，湖水呈现出最温柔的一面，加上月光的笼罩，更显出朦胧的美。把月下风平浪静的湖面比作没有磨拭的铜镜，是诗中出现的第一个比喻。铜镜是日常生活中的物品，这个比喻让洞庭湖离人如此之近。"遥望洞庭山水翠，白银盘里一青螺。"月光不仅给湖水增色，也为君山添彩。月光下的洞庭湖仿佛白色银盘，君山好像小巧的青螺，巧妙的比喻，让千里洞庭以最亲切的样子出现。

洞庭湖的美，不断地被文人墨客们书写着。

两百多年后，范仲淹应巴陵郡太守滕子京邀请，为岳阳楼重修写下《岳阳楼记》。其中有一段关于洞庭湖的话。范仲淹说，我觉得巴陵郡的美景，全在洞庭湖上。洞庭湖包含着远方的山脉，吞吐着长江的水流，浩浩荡荡，望不到边际。范仲淹笔下的洞庭湖，有着动人心魄的壮阔。

说说"面"字：脸庞

甲骨文　　　　小篆　　　　楷书

　　"潭面无风镜未磨"的"面"字，是"水面"的意思。"面"的本义是"脸庞"。甲骨文的"面"字，外面是脸部的轮廓，里面是眼睛。小篆的"面"字，里面变得更丰富了，有了眉毛、眼睛和嘴巴。

说说"里"字：有田有土

金文　　　　小篆　　　　楷书

　　"白银盘里一青螺"的"里"字，是"里面"的意思。上面有"田"，下面有"土"，人们就可以在这里居住和生活了。古代把人们聚在一起住的地方叫作"里"。到后来，才把"里"作为长度单位，以一百五十丈为一里，相当于五百米。从你的家里走到哪里，大约是一里呢？

zǎo fā bái dì chéng
早发白帝城

[唐] 李白

zhāo cí bái dì cǎi yún jiān
朝辞白帝彩云间,

qiān lǐ jiāng líng yí rì huán
千里江陵一日还。

liǎng àn yuán shēng tí bú zhù
两岸猿声啼不住,

qīng zhōu yǐ guò wàn chóng shān
轻舟已过万重山。

盛唐的时候，李白度过了他一生中最光辉的岁月。到了李白晚年，安史之乱发生了。永王李璘带领军队去讨伐叛军，李白被邀请参加。后来，永王和肃宗争夺天下，李白想要离开的时候，肃宗已经将永王平定，李白受到牵连，被关了起来。后来，是郭子仪用自己的生命和财产为他担保，才免去他的死罪，改为放逐到偏僻荒凉的夜郎去。李白已经年近六十，古时候交通很不方便，路途又遥远，也许这一去就回不来。走到白帝城时，李白收到被赦免可以归来的消息，惊喜交加，写下这首节奏轻快的《早发白帝城》。

清晨告别彩云缭绕的白帝城，到达千里外的江陵只用了一天的时间。两岸猿声还在耳边不停地啼叫，轻快的小船已经穿过了万重山。

"朝辞白帝彩云间"，"朝"说明出发的时间在清晨，"白帝"告诉了我们李白出发的地点。"彩云间"，让我们不由得仰起头来，看这座高高的城。白帝城在长江上游，建在白帝山上。朝阳辉映下的彩云，暖暖的颜色呼应了诗人兴奋的心情。正因为是从地势极高的白帝城出发，顺流而下，船行驶的速度才会这样快，行程才这样短，才能耳听猿声一片，眼看万重山过。

"千里江陵一日还"，"千里"说的是路途很远，"一日"讲的是时间很短。"千里"和"一日"的对比里，更让我们感受到船的行驶速度特别快。江陵并不是李白的故乡，重获自由加上船行驶的速度快，让到达江陵的李白有回到故乡的巨大喜悦。诗中用表示归来的"还"字，来传达李白内心的欢喜。

猿猴的叫声之间本来是有间隔的，李白之所以感受到"两岸猿声啼不住"，是因为身处快速行驶的船中，猿声在耳边连成了一片。舟行如箭，才会觉得船很轻快，不知不觉中，"轻舟已过万重山"。

说说“帝”字：燃烧的柴火

| 甲骨文 | 金文 | 小篆 | 楷书 |

西汉末年，公孙述在山上筑造城池，城中的井常常冒出白气，好像一条白色的龙。公孙述因此自号白帝，并把这座城取名叫“白帝城”。甲骨文和金文的“帝”字，都是准备点燃的一堆木柴的样子。远古的年代，人们点燃木柴来祭祀天帝，木柴的火光代表了天神的威严。“帝”本来的意思是“天神”，后来引申为“帝王”。

说说 "还" 字：归来

| 甲骨文 | 金文 | 小篆 | 楷书 | 简化字 |

　　"还"的本义是"返回来，归来"。甲骨文的"还"字，表示人走到了路口，用眼睛寻找回去的方向。

36 人与花合一

cǎi lián qǔ
采莲曲

［唐］王昌龄

hé yè luó qún yí sè cái
荷叶罗裙一色裁，

fú róng xiàng liǎn liǎng biān kāi
芙蓉向脸两边开。

luàn rù chí zhōng kàn bú jiàn
乱入池中看不见，

wén gē shǐ jué yǒu rén lái
闻歌始觉有人来。

那年夏天，王昌龄在城外的溪边漫步，见到采莲的情景，写下两首《采莲曲》。

"吴姬越艳楚王妃，争弄莲舟水湿衣。来时浦口花迎入，采罢江头月送归。"美丽的采莲女子们，争着划动采莲船，湖水把衣服打湿了也毫不在意。她们来的时候有莲花迎接，采莲归去时有明月相送。

第二首诗，"荷叶罗裙一色裁"，采莲少女的绿罗裙融入满池荷叶中，少女和荷叶仿佛是一个整体。荷叶有了人的生动，少女有了大自然的灵气。"芙蓉向脸两边开"，"芙蓉"说的是荷花。荷花仿佛也被少女青春的脸庞吸引，争相绽放。花与人相互映衬，少女的脸像花一样红润，花像少女一样楚楚动人。因为荷叶与罗裙一体，人面与荷花交融，才出现"乱入池中看不见"的景象，难以分辨出哪里是绿荷、红莲，哪里是采莲少女。"闻歌始觉有人来"，"闻"是"听见"的意思。当欢乐的采莲曲响起的时候，才知道采莲少女们仍然在荷塘中。四面响起的歌声里，少女们的青春活力与劳动的欢乐都被传达出来。闻歌不见人，更加令人难忘。

说说"曲"字：弯曲起来的东西

甲骨文　　金文　　小篆　　楷书

　　"采莲曲"的"曲"字，读"qǔ"，是"乐曲"的意思。它还读"qū"，"弯曲"的"曲"。甲骨文的"曲"字，是东西弯曲起来的样子。金文与甲骨文相似。小篆的"曲"字，不仅弯曲起来了，而且好像能装下其他物品。"曲"的本义是"弯曲"。声音婉转而成为乐章，所以有了"乐曲"的意思。

说说“闻”字：竖起耳朵听

| 甲骨文 | 金文 | 小篆 | 楷书 | 简化字 |

　　甲骨文的“闻”字，一个人跪坐着，特意突出了耳朵的样子，表示认真倾听。金文的“闻”字，耳朵移到了右下方。小篆和楷书的“闻”字，里面都有一个大大的耳朵，强调了“闻”是“用耳朵听”的意思。

三年级

下册

绝句

[唐] 杜甫

迟日江山丽,

春风花草香。

泥融飞燕子,

沙暖睡鸳鸯。

这首诗有四句诗，每句都是一幅画。

"迟日江山丽"，从大的地方着笔。春日迟迟，江山如画。阳光笼罩下的秀丽江山，让人心胸舒畅。正是因为有阳光笼罩，才有了下面诗句中所写的花草生长、燕子归来和懒洋洋睡着的鸳鸯。

"春风花草香"，从细小的地方进行体会。风的轻轻吹拂是身体感觉到的；花的多彩和草的嫩绿是眼睛看到的；花草散发出的香味是鼻子闻到的。春的温暖，流遍全身。

"泥融飞燕子"，春雨滋润，泥土松软，燕子衔着软泥，忙碌地筑巢。

"沙暖睡鸳鸯"，暖暖的沙上，鸳鸯安睡。繁忙的燕子，闲适的鸳鸯，一动一静，动得轻盈，静得安逸。

遍尝人间冷暖、饱经世态炎凉的诗人，在草堂的景色里，暂时忘记了战争与叛乱，漂泊与流离，沧桑与落寞。

且醉在这暖暖的阳光里，看花，看草，看燕子衔泥筑巢，看鸳鸯安睡沙上。

两年后的春天，杜甫又写下一首关于春天的《绝句》，只是其中的情感却大不相同了。"江碧鸟逾白，山青花欲燃。今春看又过，何日是归年？"春天就要过去，诗人说，我什么时候才能返回故乡呢？

说说"丽"字：一对美丽的鹿角

甲骨文	金文	小篆	楷书	简化字

"丽"字是借物体来表达意思的。甲骨文和金文的"丽"字，下面是一只鹿，鹿的头上长着一对美丽的鹿角。"丽"的本义是"成双成对"，后来有了"美丽"的意思。

惠崇春江晚景

[宋] 苏轼

竹外桃花三两枝，

春江水暖鸭先知。

蒌蒿满地芦芽短，

正是河豚欲上时。

这是一首题画诗。惠崇画，苏轼题诗。

惠崇是苏轼的朋友。他是一个僧人，会作诗，也会画画。惠崇的画中，画了什么？

春天的竹林，竹叶青翠。竹笋把泥土拱开，探出尖尖的头来。微风送来竹子的清香，也送来桃花的清香。竹林外的桃花刚刚开三两枝，有的含着苞，有的害羞地绽开了一点点，还有的大大方方全开了。粉红的花瓣，报告着惊蛰时节的到来。

春天来了，江水慢慢暖和起来。鸭子是最先感知到水温变化的。鸭子可能会把头探进水里，迅速入水，又迅速出来，反复好几次。它可能会抬起它的一只脚，在嘴边摩擦，做着清洁的工作。它可能会活动几下，扑棱几下翅膀，拍动水面，发出"哗哗"的响声，把身体的污垢洗干净。春天的阳光下，鸭子墨绿的羽毛，油亮油亮的。

河滩上，绿色的蒌蒿爬满地，散发出特别的清香。春天初长的芦芽，短短的，有点儿像细细的竹笋。

这首诗的前面三句写的是惠崇画中所画的事物，最后一句的"河豚欲上"，是苏轼由这些景物所产生的联想。宋代的时候，会把蒌蒿、芦芽和河豚一起煮来做菜吃，因此，苏轼看见画中的蒌蒿、芦芽，就想到了河豚。

苏轼爱美食，也会做美食。他说，把锅子洗干净，放不多的水，点燃柴木和杂草，火苗不要太旺，用小火慢慢来炖猪肉。等猪肉慢慢熟了，软软烂烂的，很好吃。

他很喜欢吃惠州的荔枝。如果每天能吃到三百颗爽滑可口的荔枝，他愿意永远都做岭南人。

只有爱吃的苏轼，看到惠崇画中鲜嫩的蒌蒿和芦芽，才会想起和蒌蒿、芦芽一起煮的河豚，在诗的最后一句写出自己心中所想："正是河豚欲上时。"

说说"正"字：朝着目标前进

甲骨文　　　金文　　　小篆　　　楷书

　　甲骨文的"正"字，下面是一只脚趾向前的脚，上面的圆点表示脚向前行进的目标。"正"的本义是"远行"，后来大多用来表示"纠正""偏正"的"正"。

游兴正浓

三衢道中

[宋] 曾几

梅子黄时日日晴，

小溪泛尽却山行。

绿阴不减来时路，

添得黄鹂四五声。

曾几的诗大多描写自己的日常生活，有活泼流动的美。

梅子黄熟的时候，诗人竟然遇到了每日都是晴天的好天气。在小溪中泛舟而行，到了溪流的尽头，再沿着山路往前走。绿树成荫，树木与来的时候一样浓密，深林中传来几声黄鹂欢快的鸣叫。

"梅子黄时"，正是江南的雨季。持续的阴雨天正赶上梅子的成熟期，所以称为"梅雨"。下雨的日子多、雨大、温度高，是梅雨天的特点。梅雨时节衣物容易发霉，因此"梅雨"又叫"霉雨"。这个时候，本来应该是"黄梅时节家家雨"，可是诗人却遇到了"日日晴"的好天气，心情自然愉悦，游玩的兴致也更浓。于是，才有了"小溪泛尽却山行"的举动。诗人乘坐小船沿着溪流而行，直到溪流尽头仍兴致高昂，他上岸之后沿山路向前走。"绿阴不减来时路，添得黄鹂四五声。"山行路上，满眼都是绿色，加上黄鹂鸣声悦耳，令人心旷神怡。"来时路"说明诗人已经游山返回，步入归途。

初夏的一次平常行走，宜人的景色描写，时时让我们

感受到诗人的欣喜。跟随着诗句，我们仿佛和诗人一起，
在溪中泛舟，在山路上行走，看绿树荫浓，听黄鹂啼鸣，
一颗心也欢喜起来。

说说"中"字：旗帜的中间

| 甲骨文 | 金文 | 小篆 | 楷书 |

甲骨文和金文的"中"字，是一面旗的样子，中间的方形表示"中间"的意思。小篆的"中"字，把旗帜上的飘带省略了。

说说"五"字：天地交错的样子

甲骨文　　　　金文　　　　小篆　　　　楷书

　　甲骨文、金文和小篆的"五"字，好像是天地交错的样子。"五"的本义是"交错"，后来假借为数字使用，它原来的意思就消失了。

元 日

［宋］王安石

bào zhú shēng zhōng yí suì chú
爆 竹 声 中 一 岁 除 ，

chūn fēng sòng nuǎn rù tú sū
春 风 送 暖 入 屠 苏 。

qiān mén wàn hù tóng tóng rì
千 门 万 户 曈 曈 日 ，

zǒng bǎ xīn táo huàn jiù fú
总 把 新 桃 换 旧 符 。

元日，是新年最开始的日子。农历正月初一是春节，古代也叫元旦，民间称为新年。

春节起源于原始社会的"蜡祭"。蜡祭是古人在年终举行的庆祝农业丰收的典礼，后来逐渐发展成为我国最盛大的传统节日。

春节虽然是指农历新年的第一天，但习惯上，人们往往进入腊月就开始了过年活动。"过了腊八就是年"，传统意义上的春节从腊月初八或腊月二十三的祭灶开始，一直持续到正月十五，其中除夕和正月初一是最重要的两天。

"爆竹声中一岁除，春风送暖入屠苏。"震耳欲聋的爆竹声中，一年已经过去。温暖的春风吹拂着屠苏酒，新年已经来临。过新年，爆竹是必不可少的。最开始的爆竹，是焚烧真正的竹子。传说竹子爆响时发出的"噼噼啪啪"的声音可以把鬼怪吓跑。后来的爆竹用纸卷上火药做成，点燃以后会发出声音，也叫炮仗、鞭炮。屠苏酒，是古代春节的时候饮用的一种酒，酒里面浸泡了白术、桂枝等中药。

"千门万户曈曈日，总把新桃换旧符。"阳光照耀着千家万户，人们把旧桃符取下，换上新的桃符。桃符是春联的前身，用桃木板制成，上面不写字，而是画了神荼、郁垒的画像。在远古的神话中，东海渡朔山大桃树下，有神荼、郁垒二位神仙，用芦苇编成的绳子把鬼捆住去喂虎。人们把神荼、郁垒作为新年门户的装饰，用意是驱鬼辟邪。"新桃换旧符"，意味着新年新希望。

说说"爆"字：爆裂开来

小篆　　　　　楷书

　　"爆"字左边的"火"字旁，表示经过烈火烧烤而爆裂开来，右边的"暴"字表音。"暴"字最上面是"日"，"日"下面是"出"，"出"的下面是一双手，最下面是"米"字，合起来表示用双手把米捧出来，让太阳晒干。

说说"符"字：以竹子为"符"

金文　　　　小篆　　　　楷书

　　把竹节劈成两半，把其中的一半作为证据发出，用来发布命令或者是作为通行、通信的凭证，这就是竹子制成的"符信"。金文的"符"，上面是竹子的形状，下面是手拿着物品递交给人的样子。"符"指符节、符印、符号等。

qīng míng
清明

[唐] 杜牧

qīng míng shí jié yǔ fēn fēn
清明时节雨纷纷，

lù shàng xíng rén yù duàn hún
路上行人欲断魂。

jiè wèn jiǔ jiā hé chù yǒu
借问酒家何处有？

mù tóng yáo zhǐ xìng huā cūn
牧童遥指杏花村。

清明的雨，一直在下。雨雾里，出门在外的人，孤零零一个人在赶路，没有办法在清明时节去扫墓。他的头发湿了，寒意从打湿的衣服里透进来。纷纷的雨，仿佛下到了心里。该到哪里去找一个小酒店，避避雨、歇歇脚，让三杯两盏淡酒，驱散身体和心里的寒意。牧童用手一指，遥遥指向了杏花村。

"清明时节雨纷纷"，细密的雨沾湿了额头，使眼睛迷离，心灵黯然。诗人用细雨纷纷，营造出悲切的氛围。

"路上行人欲断魂"，重重沉沉的哀伤，压在雨中赶路的行人心头。

"借问酒家何处有，牧童遥指杏花村。"诗歌在行旅之人的借问和牧童富有画面感的手势中结束，耐人寻味。

清明时节，既有"路上行人欲断魂"的哀伤，也有踏春的喜悦。古时候，人们在清明时节荡秋千，还会举行秋千比赛。人们也会去放风筝。清明时节，人们还会相约去蹴鞠。蹴鞠是足球的起源，"鞠"即球，"蹴鞠"就是球的游戏。

说说"行"字：四通八达的道路

| 甲骨文 | 金文 | 小篆 | 楷书 |

甲骨文和金文的"行"字，好像四通八达的道路。"行"的本义是"路"，道路是人走出来的，到后来发展出"行走"等意思。

42　重阳节的思念

九月九日忆山东兄弟

[唐] 王维

独在异乡为异客，

每逢佳节倍思亲。

遥知兄弟登高处，

遍插茱萸少一人。

王维在十七岁时写下《九月九日忆山东兄弟》。古人把"九"作为阳数，九月初九，不管是月份还是日期，都是阳数，两个九相重，所以叫"重阳"，也叫"重九"。"九九"与"久久"同音，所以古人认为这是一个特别值得庆祝的吉利日子。"忆"，想念，说明王维出门在外。此时王维可能正在长安谋取功名。王维的家乡在蒲州，蒲州在华山东面。"山东兄弟"是在华山东面的故乡的兄弟。古诗的题目中，常常蕴含着写诗的时间、地点或者创作诗歌的背景。读懂诗题，可以帮助我们更好地理解诗歌。

独自一人在他乡漂泊，每当美好的节日来临时，王维就格外想念家乡的亲人。诗句以"独"字起头，以"少一人"收尾，整首诗表达的都是一个少年在离开家乡后强烈的孤独感。

"独在异乡为异客"，七个字中用了两个"异"字，重复回旋中表达出漂泊异地的无根之感。

"每逢佳节倍思亲"，亲人团聚的佳节，王维却孤身一人在外。繁华长安城里的欢乐氛围，与漂泊的王维没有太多的关联，相反，更衬出了他的寂寞，引发了他对家乡亲人的思念。

"遥知兄弟登高处，遍插茱萸少一人。"遥想兄弟们登高佩戴茱萸，发现少了王维一人，满心遗憾。以往的九月初九，王维会和兄弟们一起去登高，可是现在，王维却只能在长安城里遥想家乡的兄弟们登高的情景了。这两句诗更加深沉地表达出王维的思乡之情。

重阳节最突出的节庆活动是登高。登高会也叫"茱萸会"，因为登高时有插茱萸、佩戴茱萸囊的风俗。茱萸三月开红紫色花，七八月结果。果实最开始是嫩黄色的，成熟之后，就成了深紫色。到九月初九，茱萸气味辛烈、颜色赤红，可以折下来插在头上来辟邪，或者佩戴在手臂上，也可以把茱萸放在香袋里面佩戴起来，避免和消除灾祸。

说说"登"字：登上高处

| 甲骨文 | 金文 | 小篆 | 楷书 |

"遥知兄弟登高处"的"登"字，是"登高"的意思。甲骨文的"登"字，下面是一双手，中间是装食物的器具"豆"，最上面是双脚的样子。双手举起装满食物的"豆"，双脚登阶向上，表示向神灵恭敬地献上物品。金文的"登"字，把脚省略了。小篆的"登"字，省略了下面的手。楷书由小篆发展而来。

说说"客"字：家里来了客人

| 甲骨文 | 金文 | 小篆 | 楷书 |

甲骨文的"客"字，房子下面有"人"，表示家里来了客人。到了金文和小篆，"人"的部分省略了。"客"的本义是"客人"，后来又发展出"旅人""游子""旅居"等意思。

滁州西涧
chú zhōu xī jiàn

〔唐〕韦应物

独怜幽草涧边生，
dú lián yōu cǎo jiàn biān shēng

上有黄鹂深树鸣。
shàng yǒu huáng lí shēn shù míng

春潮带雨晚来急，
chūn cháo dài yǔ wǎn lái jí

野渡无人舟自横。
yě dù wú rén zhōu zì héng

人们称韦应物为韦江州或韦苏州，因为他曾经担任过江州、苏州等地的刺史。韦应物喜欢在居住的房间里焚香。能到他家做客的，只有顾况、刘长卿等人。他们喜欢用诗词互相唱和。韦应物和刘长卿被称为"五言双璧"，"璧"是中间有孔的贵重美玉，这个比喻说明他们两个人都擅长写五言诗。

《滁州西涧》以意境的美好为大家所传诵。

诗人独独喜爱生长在涧边幽静山谷里的小草。枝叶茂盛的树上，黄鹂在鸣叫。傍晚的时候，春潮加上春雨，让涧中的水流得更急。郊野的渡口没有一个人，只有一只小船横在水面。

"独怜幽草涧边生，上有黄鹂深树鸣。""怜"是"喜爱"的意思，"独怜"进一步强调对幽谷野草的喜爱。"幽"字营造出寂寞、静谧的氛围。甘于寂寞，在涧边茂盛生长的小草，是诗人的最爱。韦应物对陶渊明十分景仰，无论是诗歌的风格，还是人生观，他都有意向陶渊明学习。这句诗表现了诗人恬淡的心境。

"春潮带雨晚来急，野渡无人舟自横。"小舟处于郊外渡口，没有人来渡河，自然只能独自横在水面上。如果是在行人多的渡口，此时潮涨雨急，正是需要用船的时候，小船就能发挥作用了。

说说"幽"字：微弱的光

甲骨文　　　　金文　　　　小篆　　　　楷书

　　甲骨文和金文的"幽"字，是火苗和丝线的组合。丝线太细，需要把火苗点燃，在亮光下才能看见，也可能表示火苗微弱得像丝一样。小篆和楷书发生了变化，下面的"火"变成了"山"。"幽"本来的意思是"昏暗"，后来引申出"幽静"等意思。

说说"渡"字：渡过河水

渡　　渡

小篆的"渡"字，左边的"水"表达意思，右边的"度"表示读音。渡过河水叫"渡"。

大林寺桃花

[唐]白居易

人间四月芳菲尽，

山寺桃花始盛开。

长恨春归无觅处，

不知转入此中来。

农历四月，已经是初夏。粉色的桃花、白色的梨花，还有紫藤的花朵，各色的花都已经落尽。繁茂的绿叶长满枝头。

四月九日，白居易和朋友们来到了大林寺。

虽然已经是初夏四月，但山上的天气还像一二月。大林寺周围的溪水潺潺流淌，溪中的碎石和鱼儿清晰可见，风吹动竹叶发出"簌簌"的声音。

高高的山上，深深的古寺中，桃花竟然才开始盛开。一树一树桃花，如粉色的云霞。地上的草，也是春天的嫩嫩的绿。没有料到初夏时节，山寺中还是一片春天的景象。

恍惚之间，诗人仿佛进入了另一个仙境般的世界。在朵朵桃花、浅浅青草带来的惊喜里，一路登山的辛苦，瞬间都消失了。大家在桃树下，或站或坐，什么都不说，只是闻着花草的清香，感受微风的轻拂，已经十分美好。

诗人常常为春天的归去，为它的无处寻觅而伤心、难过，却没有想到，春天躲到了大林寺中，把小草唤醒，给花儿装扮，带来蜜蜂飞来又飞去。

"芳菲尽",让诗人为春的归去叹息;"始盛开",寺中的桃花让诗人惊喜。诗人想告诉大家,春天躲进了大林寺里。

说说"芳"字：芳香的花卉

芳　　　芳　　　芳

小篆　　　　隶书　　　　简化字

　　"芳"的意思是"芳香、香气、芳香的花卉"。"芳"字上面的"草"字头表达意思，下面的"方"表音。

四年级

上册

浪淘沙（其七）

〔唐〕刘禹锡

八月涛声吼地来，
头高数丈触山回。
须臾却入海门去，
卷起沙堆似雪堆。

钱塘江，古称"浙"，是浙江省最大的河流。江口像喇叭的样子，海潮倒灌过来，形成钱塘潮。农历八月十八日，钱塘江的潮水是最壮观的。

　　刘禹锡的《浪淘沙》一共九首，这是其中的第七首。"吼"字在古诗中，是很少见的。这首诗的第一句就用了"吼"字，只有"吼"字才能表达刘禹锡内心的震撼。声音像雷声炸响，淹没了江岸上的喧哗人声，淹没了天地间的其他声音。以声音造势，八月的钱塘潮奔腾而来，惊天吼地。数丈高的浪，仿佛要吞没天空。巨浪一往无前，撞向岸边的山石。猛烈地撞击过去，又被猛烈地撞击回来。震耳欲聋的轰鸣声还在耳畔，而片刻之间，浪涛便退向江海汇合的地方，回归大海。潮去之后，波涛卷起的沙堆像一座座雪堆。最为湍急的浪潮，塑造出了最为安静的沙堆。最为安静的沙堆，反衬出最为雄奇的浪潮。极为壮观的开始，极为平静的结束。文字最为简练的诗里，常常有最宽阔的空间。

　　宋朝的周密，也写过钱塘江的潮水。"浙江之潮，天下之伟观也。自既望以至十八日最盛。方其远出海门，仅如银线；既而渐近，则玉城雪岭际天而来，大声如雷霆，震撼激射，吞天沃日，势极雄豪。"周密说，钱塘江的潮水，是天下最为雄伟的。从农历八月十六日到十八日，潮水最盛。潮水从钱塘江入海口涌起，远远看去，好像一条银色的线。慢慢地，潮水越来越近。连天涌来的潮水，声震天地，仿佛直冲太阳。

你是否也想在八月，去看看钱塘江的潮水？

说说"头"字：和"页"有关

金文　　　小篆　　　楷书　　　简化字

甲骨文　　金文　　小篆　　楷书　　简化字

　　"头高数丈触山回"里的"头"，指的是潮头。古文字中的"头"左边为"豆"，右边为"页"。要了解"头"字，得从"页"字说起。

甲骨文的"页"字，是一个身体跪向左边的人。人的头特别突出，眼睛、耳朵、嘴巴、鼻子和头发，都画得简洁而生动。金文的"页"字，虽然有一些变化，但仍然可以辨别出上面是头，头上还长着头发，下面是身体，人朝向左边半跪着。小篆的"页"，头顶光秃秃的，没有了头发。"页"字的本义是"头"。古文字中的"头"字，用"豆"表音，用"页"来表达意思。现在说的"一页纸"的"页"，和"页"的本义没有关系。我们会发现，汉字中凡是含有"页"的字，都和"头"有关，如"胡须"的"须"、"脖颈"的"颈"、"额头"的"额"。

说说"入"字：刺了进去

甲骨文　　　金文　　　小篆　　　楷书

　　"须臾却入海门去"的"入"，表现了潮水汇入大海的迅速。怎样造字才能将抽象的"入"具体化呢？甲骨文的"入"，像尖的石头、骨头或者箭头。我们的祖先，最开始就是用锐利的工具来刺进物体的。尖锐地刺进去，由外而内，这就是"入""进入"。后来，为了和"人"字相区别，把一捺放到了一撇的上面。

lù zhài
鹿柴

[唐] 王维

kōng shān bú jiàn rén
空山不见人，

dàn wén rén yǔ xiǎng
但闻人语响。

fǎn yǐng rù shēn lín
返景入深林，

fù zhào qīng tái shang
复照青苔上。

中年以后，王维住在终南山脚下。鹿柴，是其中的一个地方。全诗共二十个字，除了"返景"有一点陌生之外，其他部分我们理解起来会很顺畅。

王维说，空阔的山里，见不到一个人。没有人的山林是静寂的。然后，有人的声音传过来。说话的人隐在密密丛丛的树林里，而且离王维也有一些距离。因为山林的静，说话的声音才能够被听见。短时间的"人语响"之后，是长时间的静寂。王维写人的声音，其实是要衬托出山中的安静。

"返景"同"返影"。"返景"是太阳快要落下的时候，通过云彩反射回来的阳光。从诗的三、四句，我们看到了怎样的画面？余晖穿过翁郁的丛林，给幽暗的深林和潮湿的青苔带来光亮。王维在用光亮衬托黑暗。一小片的光亮，衬托出的是无边的幽暗。落日的光亮是短暂的，一转眼就不见了。在这之后，深林进入漫漫长夜。

空阔的山林，因为人语的响起、落日的余晖，多了一些温暖。虽然这温暖转瞬即逝。山很空，林很深，在深

097

林和青苔上流动的阳光，让我们的心安静下来。

这种安心与自在，也表现在《辛夷坞》里。"木末芙蓉花，山中发红萼。涧户寂无人，纷纷开且落。"鲜艳的芙蓉花在山里开着，这个地方没有人来，花还是纷纷开且落。芙蓉花开，是为了自己；花朵落下，也是为了自己。

大自然带给我们安心和自在。当我们焦虑的时候，我们可以避开热闹的人群，走入大自然，感受大自然的无边安慰。

说说"林"字：两棵树并列

| 甲骨文 | 金文 | 小篆 | 楷书 |

"林"字从甲骨文、金文、小篆到楷书，变化不大。并排的两棵树，表示树木很多，因此"林"字的本义就是"树林"。树木把根扎入泥土，把枝杈伸向天空，以获取更多的阳光。树木是静立不动的，它的种子却渴望飞翔。有一种种子叫"翅果"，看起来就像长了一对鸟儿一样的翅膀。

说说"青"字：来自草木的颜色

金文　　　　小篆　　　　楷书

　　周代中期的酒器上，就有了"青"字的金文，它由"生"和"丹"两部分组成。"生"字的下半部分是"土"，"土"上面萌发出嫩芽。用"丹"这种矿物为原料，可以制作出青色的颜料。青色，和草木的颜色接近。所以造字的人，用表示草木萌生的"生"，加上可以制作出颜料的矿物"丹"，组成了"青"字。

暮江吟

[唐]白居易

一道残阳铺水中，

半江瑟瑟半江红。

可怜九月初三夜，

露似真珠月似弓。

正是日暮时分，太阳就要落山了，它把光亮静静地铺开在水面上，想给江水带来最后的温暖。受光照较少的江水，仍然是深深的绿色；被夕阳照亮的，变成了红色。宽阔的江面、缓缓流动的江水、闪烁的光影，让旅途中的诗人心旷神怡。慢慢地，夜色笼罩，气温渐渐降低。江边的草木上，凝结起像珍珠一样的露水。新月升起，好像弯弓。诗人赞道，深秋的夜晚，是多么可爱呀！

整首诗中，江水本来的深绿、露水和新月的颜色，都是冷色调，只有被夕阳照亮的江水，是暖暖的红。

点明时间是在"九月初三"，对于我们感受这首诗特别重要。农历的九月初三时已是深秋。秋天，夕阳的光亮很柔和，已经接近地平线的"残阳"的光几乎是贴着地面照过来的，所以用"铺水中"比"照水中"更合适。"露似真珠"的景象在秋天出现。晚上，空气中的水汽遇冷凝结成了细细的水滴，密密地附着在草木上，晶莹透亮，惹人怜爱。让人怜爱的还有天上像弓一样的月亮。甲骨文的"月"字，是一钩弯月，表现的是农历月初至初六左右所见到的新月。很久很久以前，人们就把新月当作一个月的开始，把月相变化的五个主要阶段取名为新月、上弦、满月、下弦、残月。我们看看新月的样子，是不是很像一把弯弓？

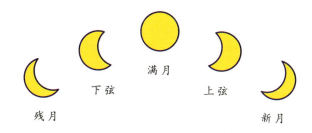

夕阳映照下的江景和新月初升、露水初凝的夜景，融合在"可怜九月初三夜"中。"可怜"，意思是"值得怜爱、可爱"。直接的赞美里，是白居易满心的愉快。

元和十九年，白居易离开长安，出任杭州太守。他在赴杭州的路上写下《暮江吟》。人在旅途，有更闲适的心情，从暮色降临看到新月初升，感受夕阳、江水、白露、初月给人带来的喜悦。

说说 "江"字：南方的河流

金文　　　　　小篆　　　　楷书

　　从金文到小篆，"江"字左边的部分，用舒缓的曲线表现出河流的特点。"江"的本义是"长江"，后来泛指江河。

说说"月"字：弯弯的月牙儿

甲骨文　　　金文　　　小篆　　　楷书

甲骨文的"月"字，就是新月的形状。为什么选择月缺的样子，而不用月圆的样子呢？如果画一轮圆月，就不容易和圆圆的太阳分辨开来。而且人们观察到满月的时候少，月缺的时候多，于是，就用一弯新月来创造出"月"字的样子了。

题西林壁

[宋] 苏轼

横看成岭侧成峰,

远近高低各不同。

不识庐山真面目,

只缘身在此山中。

这首诗题写在庐山西麓西林寺的墙壁上。

公元 1084 年，苏轼从谪居的黄州到汝州去，途中经过九江，他与朋友同游庐山。一峰一岭、一丘一壑、一花一草、一松一石，都激发出苏轼的灵感，他为雄奇险秀的庐山写下了很多首诗。《题西林壁》，是苏轼游览庐山以后的总结。

"横看成岭侧成峰，远近高低各不同。"横着看、侧着看，远眺、近观，从高处俯视、自低处仰视，不同的视角，看到的是不同姿态的庐山。或连绵起伏，或高峰耸立，或丘壑纵横，庐山呈现出千姿百态。诗人在游览庐山的过程中，所处的位置不同，看到的景物也各不相同。

"不识庐山真面目，只缘身在此山中。"之所以没有办法认清庐山的真实面目，是因为身处庐山之中啊。

诗的一、二句，写从正面、侧面、远处、近处、高处、低处看庐山，庐山都呈现出不同的样子。三、四句由写景转入写自己的感受。诗人的感叹，源自他在游览过程中的切身体验。诗人明白，自己在某一个位置所见到的庐山，只是庐山的一部分。要想了解庐山的全貌，就必须要从身处的位置跳脱出来，才有可能看到庐山的真面目。

　　游山是这样，其他很多的事情，其实也是这样。"不识庐山真面目，只缘身在此山中。"这两句诗给无数人以启发。

说说"岭"字：连绵的山峰

小篆　　　　楷书　　　　简化字

　　"岭"的意思是连绵的山峰。古体字中"岭"字上面的"山"表意，下面的"领"表音。后来简化为左右结构的"山"和"令"。

雪 梅

[宋] 卢钺

梅雪争春未肯降，

骚人阁笔费评章。

梅须逊雪三分白，

雪却输梅一段香。

这首诗的作者是卢钺。钺，是古代一种比较大的兵器，形状像板斧，用青铜或者是铁制成。

卢钺写的《雪梅》像是一个童话，童话的主角，一个叫雪，一个叫梅。

梅在枝头绽放，它骄傲地说："我是不怕寒冷独自开放的梅花，我是早春的使者。"

雪在天空飞舞，它轻轻飘落在梅花上，冷冷地说："点缀春色的，应该是我。"

给早春增添美丽的，到底是梅还是雪呢？反正梅和雪吵吵嚷嚷，争着抢着，谁也不肯认输。

梅和雪都跑去找诗人，让他评一评，到底谁更美？诗人看看梅，再看看雪，眉头皱起来。他放下笔，没有办法写出评判梅和雪的文章。看着被难坏了的诗人，梅笑得咧开了嘴，雪顽皮地"染"白了诗人的头发。

诗人想了想，说："梅花输给雪花的，是没有雪花那样的晶莹洁白；雪花输给梅花的，是少了梅花的一段清香。"

晶莹洁白的雪花，为诗人的赞扬，高兴得起舞；馨香美丽的梅花，为诗人的欣赏，给天地间再送来几缕暗香。

诗人对梅和雪说："你们俩在一起，早春就更美丽。"

梅和雪好奇地问："为什么？"

诗人说："只有梅花而没有雪的话，梅花看起来就没有那么精神。"

梅看看雪，雪抱抱梅，它们不争也不吵了。

诗人继续说："如果下了雪，却不能用诗来歌咏，那就是一个俗气的人。"

天渐渐暗下来，夜给大地蒙上了一层轻纱。

诗人为梅和雪又写了一首诗："有梅无雪不精神，有雪无诗俗了人。日暮诗成天又雪，与梅并作十分春。"

诗人把诗刚吟诵完，仰头一看，天空又下起雪来了。雪飞舞，梅绽放，就像春天一样生气蓬勃。

说说"争"字：互不相让

甲骨文　　　　小篆　　　　楷书　　　　简化字

　　甲骨文和小篆的"争"字，表示两个人用手拖动犁来耕作的样子。"争"本来表示"耕作"，后借用来表示"争夺"的意思。

嫦娥

[唐] 李商隐

云母屏风烛影深，
长河渐落晓星沉。
嫦娥应悔偷灵药，
碧海青天夜夜心。

李商隐是一个很不幸的诗人，一生在朋党倾轧的痛苦里挣扎。朋党，指为了私利而互相勾结的一些人。倾轧，说的是李商隐和这些人不在一个派系里，因此受到排挤和打击。他过得很不快乐，只活了四十七岁就死了。

李商隐不喜欢用日常生活中平淡的事情来表达内心的情感，他故意写出不容易理解的诗词，所以读者很难了解文字之外的深意。但他的作品，朦胧婉约，从北宋以来，就为世人所喜爱。

诗的题目是《嫦娥》。传说，后羿向西王母求到了不死的灵药，嫦娥偷吃灵药后就飞了起来，升到天上成了仙，居住在月亮上的广寒宫里。

"云母屏风烛影深"，云母屏风上的深深烛影，越来越黯淡；"长河渐落晓星沉"，长长的银河渐渐沉没，稀疏的晨星慢慢消失。诗的主人公熬着漫漫长夜，看室内的蜡烛一寸寸变短，烛泪一滴滴落下，无法入眠。一直到室外的银河和晓星即将消失，天就要亮了，寂寞的主人公仍然不能安睡。一个晚上都在失眠，该是多么压抑难受。

　　主人公在揣测，孤单地住在广寒宫里的嫦娥，一定也很寂寞吧。"嫦娥应悔偷灵药，碧海青天夜夜心。"嫦娥应该后悔自己偷吃了灵药，以致每个夜晚都只能面对着碧海和青天，孤独地思念着人间。嫦娥的心情，也是主人公此时的心情。孤单的主人公和寂寞的嫦娥的对话，是否在暗示，令主人公难以入眠的不仅仅是这个夜晚他是像嫦娥一样，而是每个夜晚都感到清冷？"夜夜心"三个字，表达了多么痛的生命体验。

　　诗的题目是《嫦娥》，说的不是天上嫦娥，而是诗中主人公的一份情感寄托。主人公会是谁？是李商隐自己还是其他人？我们无从知晓。我们只知道主人公在现实的生活中，有深深的孤独，有令人煎熬的寂寞，有难以排解的痛苦与忧伤。

说说"星"字：一闪一闪亮晶晶

甲骨文　　金文　　小篆　　楷书

　　甲骨文的"星"字，有好多像"口"一样的符号，它们代表着天上的繁星。金文的"星"字，上面是三个"日"，下面是"生"。在古时候，"三"表示"多"的意思。这里的三个"日"，表示夜空中的星星很多很多。到了小篆，把三个"日"简省成了一个"日"。

说说"心"字：心的形状

甲骨文　　　金文　　　小篆　　　楷书

　　甲骨文的"心"字，就是心脏的样子，上面的斜线，可能表现的是心脏的瓣膜。金文的"心"字，形状发生了变化，中间还加上了一点。

出塞
chū sài

[唐] 王昌龄

qín shí míng yuè hàn shí guān
秦 时 明 月 汉 时 关 ，

wàn lǐ cháng zhēng rén wèi huán
万 里 长 征 人 未 还 。

dàn shǐ lóng chéng fēi jiàng zài
但 使 龙 城 飞 将 在 ，

bú jiào hú mǎ dù yīn shān
不 教 胡 马 度 阴 山 。

唐朝的开疆拓土，让很多诗人拥有了边塞生活的经验。辽远空阔的边塞，给在田园中生活的诗人带来了完全不一样的生命体验。王昌龄的《出塞》被称为唐代七绝的"压卷之作"，是唐代七言绝句中最出色的作品。

苍茫的大漠中，特别清晰明亮的是月亮。这一轮明月，照过秦朝的边关与戍将，照过汉朝的边关与戍将，也照着唐朝的边关与戍将。"秦时明月汉时关"七个字，浓缩着几个朝代，跨越了几百年的时间。

流逝的是时间，更迭的是王朝，更换的是戍将，不变的是天上的明月，更是几百年间"万里长征人未还"的相同命运。从家乡出发，经过万里征途来守护边塞的人，一代又一代，多少人一去就再也没能回来。

"但使龙城飞将在，不教胡马度阴山。""飞将"的"飞"，表现了大将的果敢与行动的迅速。如果有胆略有勇气的将领还在，就绝不允许胡人度过阴山。

匈奴是游牧民族，追逐有水有草的地方居住，经常迁徙。他们作战凶猛，骑兵的行动尤其迅速。秦始皇为了防备匈奴的入侵，筑起了长城。汉高祖刘邦曾被冒顿单于的四十万骑兵围困七天七夜，险些全军覆没。

"飞将"是指飞将军李广。李广骑马奔跑像飞一样，长臂善射，每次射箭必定能射中目标。他行动迅速，忽来忽去，用兵神奇莫测，匈奴人称他为"飞将军"。他带领士兵与匈奴打仗，大大小小的战争有七十多次。有一年秋天，匈奴两万骑兵打进来，掳去了两千多人和不少财物。汉武帝起用李广，派他为右北平太守。匈奴人一听到这个消息，就吓得逃跑了。李广能征善战，又爱惜兵士。他带领军队在沙漠里前进，每当找到水的时候，士兵没有喝足水，他就不靠近水；吃饭的时候，士兵都吃上饭了，他才开始吃饭。因此，士兵们都很拥护他，战斗时特别英勇。

"飞将"是李广将军，也是像他一样能够迅速击溃敌人的无数将士。他们用自己的生命守卫边塞，为的是不让胡马过阴山。

说说 "塞" 字：把东西塞进去

甲骨文　　　金文　　　小篆　　　楷书

　　"出塞"的"塞"（sài）是个多音字，也念"木塞"的"塞"（sāi），还念"闭塞"的"塞"（sè）。甲骨文的"塞"（sāi）字，表现了两只手正把一些东西塞到房子里面去。中间像"工"字的部分，代表的是那些要被塞进房屋里的东西。金文里，两只"手"把更多的东西往里塞，只是不是塞进屋子里，而是塞进洞穴里。到了小篆，这个字更加复杂了，两只手把东西塞进去以后，还用土来封上洞口。

说说 "飞" 字：展开双翅奋力飞

飞　　　飛　　　飞

小篆　　　楷书　　　简化字

　　小篆的 "飞" 字，像鸟儿展开双翅，向上奋力飞起的样子。楷书的 "飞" 字，逐渐失去鸟张翅而飞的姿态。简化字的 "飞"，把鸟的头、身体和其中的一只翅膀省略了，只剩下另一只翅膀。

凉州词
liáng zhōu cí

［唐］王翰

葡萄美酒夜光杯，
pú táo měi jiǔ yè guāng bēi

欲饮琵琶马上催。
yù yǐn pí pá mǎ shang cuī

醉卧沙场君莫笑，
zuì wò shā chǎng jūn mò xiào

古来征战几人回？
gǔ lái zhēng zhàn jǐ rén huí

125

月亮，在边塞诗中常常出现。王翰的《凉州词》也是边塞诗，但诗中没有出现无言的孤月。

凉州，在西北偏僻的地方，塞外朔风呼啸，黄沙扑面。葡萄和美酒，是西域的特产。琵琶，是胡人的乐器。"沙场""征战"，进一步说明这是一首表现边塞生活的诗。这首诗，是动荡紧张的征战中，难得的豪放畅饮的记录。

"葡萄美酒夜光杯"，西域盛产的葡萄美酒，用白玉精制而成的夜光杯，让人瞬间进入热烈的氛围中。听，欢快的琵琶声响起来了。急促的旋律，仿佛在催促"欲饮"美酒的将士，快快端起酒杯，开怀畅饮。"琵琶马上"是"马上琵琶"的倒装，因为琵琶最初常常在马上弹奏。

"醉卧沙场君莫笑，古来征战几人回。"热烈的你斟我酌中，兴致飞扬的将士们渐渐醉了。"如果醉得倒在了沙场上，您也别笑我啊！自古以来，有几个人可以从征战中活着回来呢？"生死既然置之度外，那就一醉方休吧，葡萄美酒再斟满夜光杯，琵琶声声里再痛饮这一杯。奔放的情感里，是将士们视死如归、保卫家国的巨大勇气。

说说 "酒"字：酒坛子里飘酒香

| 甲骨文 | 金文 | 小篆 | 楷书 |

上图展示的甲骨文的"酒"字，酒坛子在中间，两边的曲线像酒香四溢，也可以表示坛子里的酒已经多得溢出来了。

"酒"的金文列了四种，像是各种各样的酒坛子，上面有用圆点、三角、弧线、曲线装饰而成的花纹。酒坛上花纹的出现，表现了古人对美的追求。这些酒坛子，即"酉"，在周初的金文里，是"酒"的本字。

小篆的"酒",酒坛上的线条简洁明快。坛子左边的"水"字，表示酒是像水一样的液体。有了"水"旁后，"酒"字与"酉"便分家了，"酉"字专用作十二地支的第十位。十二地支是古代表示时辰的符号,酉时是下午五时至七时。

说说"回"字：回旋的水涡

| 甲骨文 | 金文 | 小篆 | 楷书 |

  甲骨文和金文的"回"字，就像是流水回转的样子。小篆的"回"字外面是大"口"，里面是小"口"，大口和小口都像是回旋的水涡。所以，"回"的本义是回旋、旋转，慢慢才发展出其他的意思。"古来征战几人回"的"回"，是"还、归来"的意思。

53 生死皆豪杰

xià rì jué jù
夏日绝句

［宋］李清照

shēng dāng zuò rén jié
生 当 作 人 杰，

sǐ yì wéi guǐ xióng
死 亦 为 鬼 雄。

zhì jīn sī xiàng yǔ
至 今 思 项 羽，

bù kěn guò jiāng dōng
不 肯 过 江 东。

北宋的都城汴京，堪称当时世界上最大、最热闹的城市，大到拥有十二座城门，城外的四条河流穿城而过。到北宋末年，宋朝一天天衰落下去。皇帝和一些大臣只想开心地玩乐，为了不让辽人来进攻，每年还要按照约定送给辽国大批财物。他们以为，只要多付出一些钱财，就能买来"和平"。

这个时候，在中国东北的女真族一天天强盛起来。女真族的首领完颜阿骨打武艺超群，他带领族人，打败了曾经控制他们的辽国，建立了自己的国家，定国号为"金"。十年后，金国灭掉了辽国。

金国借口宋朝收留了金国的一个叛将，出兵南侵。金兵攻陷汴京，从围城到破城共二十三天。钦宗和徽宗两个皇帝被俘虏到寒冷的北方，生活得好像奴隶一样。北宋灭亡后，赵构在南京登上皇位，也就是宋高宗。后来，宋高宗把国都迁到了临安，临安就是今天的杭州。这个偏安的王朝，历史上称为南宋。

李清照是宋代著名的女词人。她和丈夫赵明诚喜欢收藏各种书画碑帖，两人几乎将所有的钱都用在购买书画古物上。中原大乱的时候，李清照带着十五车文物逃难，还留下十余间屋子的金石碑刻和古书在青州，准备第二年再来运送。不料青州发生兵变，所有留下的珍藏被一把火烧光了。李清照在逃难途中历尽波折。路过乌江时，李清照发出了这样的呼喊："生当作人杰，死亦为鬼雄。至今思项羽，不肯过江东。"一个人活着的时候应当做人中豪杰，死了也要做鬼中的英雄。

刘邦和项羽争夺天下的时候，韩信设下十面埋伏，把项羽和他的将士围困在垓下这个地方。项羽带着几十个士兵，奋力突出重围，来到乌江边。乌江亭长准备了一条小船，催他渡河到江东去。项羽说："江东父老把八千子弟托付给我，随我渡江来打天下。现在我一个人回去，怎有颜面去见父老乡亲？"项羽不肯苟且地活着，在乌江边拔剑自杀。

项羽豪迈壮烈的英雄气，与宋朝君臣的苟且偷生形成鲜明对比。"作人杰"和"为鬼雄"，是一个站立的"人"

自觉的选择和主动的追求。

　　"生当作人杰，死亦为鬼雄"，如何有意义地生，如何有价值地死，这是每个人都需要思考的人生命题。

说说"生"字：地上长出一棵草芽

甲骨文　　　金文　　　小篆　　　楷书

　　甲骨文和金文的"生"字都像是小草发芽，从地上长出来。小篆的"生"下面是"土"字，上面是草长出的样子。"生"的本义是小草发芽、生长，后来引申为"活着""生存"。

说说"死"字：人在残骨旁哀悼

甲骨文　　　金文　　　小篆　　　楷书

　　"死"的本义是人生命的结束。甲骨文的"死"字左
边是残骨的形状，也就是尸体胸部以上骨骸的形状，右边
是一个哀伤悼念的人。楷书的"死"字，由"歹"和"匕"
组成，"歹"的本义就是"死人的残骨"。

别董大
bié dǒng dà

[唐]高适

千里黄云白日曛，
qiān lǐ huáng yún bái rì xūn

北风吹雁雪纷纷。
běi fēng chuī yàn xuě fēn fēn

莫愁前路无知己，
mò chóu qián lù wú zhī jǐ

天下谁人不识君？
tiān xià shuí rén bù shí jūn

高适在二十多岁的时候，到长安参加考试，没有考中，后来曾到北方边塞从军。他渴望建功立业，不甘心一辈子碌碌无为，快五十岁的时候，他终于考中进士。高适的诗，在他所生活的年代就很受人赏识。后来的诗人写的诗作中，很多词语来自他的诗句，由此可以看到他对后人的影响。

《别董大》一共两首，董大，可能是当时著名的琴师董庭兰。当时，在朝中任给（jǐ）事中的房琯被贬谪，他的门客董庭兰也离开长安。公元 747 年严寒的冬季，高适和董大在睢阳相会。

太阳就要落山了，暗黄色的云一望无际，让天空更加暗淡无光。北方冬天的太阳又能带来多少的温暖呢，加上到了傍晚，天气更加冷了。北风狂吹，大雪纷纷，大雁却没有办法停歇，仍旧顶风冒雪往南飞。高适对董大说，不要担心没有人赏识你，天下有哪一个人不知道你呢？

千里黄云，昏黄落日，映衬着人暗淡的眼。风的寒、雪的冰，刺激着人的皮肤。风声、雪声、心碎的雁声，缠绕在耳中。迁徙的鸟儿，居无定所，风雪中飞翔的雁群，触动了游子的心。"千里黄云白日曛，北风吹雁雪纷纷"，短短十四个字，让人从身体一直冷到心里。

目光走也走不出的千里黄云哪，耳朵赶也赶不走的风号、雪呼、雁悲鸣。但，诗人一直是昂着头的，看天看云看落日，看着大雁朝南飞。

"莫愁前路无知己，天下谁人不识君？"这是高适对董大说的，也是高适对自己说的。哪怕冷到骨髓，也要用一颗心来暖热；哪怕跌到谷底，也要站立起来。

昂起头来，生命的春天，就在不远的地方。

说说"云"字：一朵卷曲的云

甲骨文　　金文　　小篆　　楷书　　简化字

　　甲骨文的"云"字，是一朵云卷曲的样子。小篆的"云"上面加了"雨"字，说明"云"和"雨"相关。

说说 "雁" 字：雁飞高空

金文　　　　小篆　　　　楷书

　　雁在每年秋分后飞往南方过冬，春分后再飞回北方。金文的"雁"字，表现了雁群飞过山势陡峭的悬崖时的情景。小篆的"雁"字，下面是"人"和"隹"。大雁常常排成"人"字形，以减少飞翔时的阻力；"隹"指的是短尾巴的鸟。

四年级

下册

四时田园杂兴（其二十五）

[宋] 范成大

梅子金黄杏子肥，

麦花雪白菜花稀。

日长篱落无人过，

惟有蜻蜓蛱蝶飞。

古老的农耕年代，人们在太阳出来时劳作，在太阳落山时休息，在大地上勤奋地劳作，宁静地生活。

南宋诗人范成大写了六十首田园诗，分春日、晚春、夏日、秋日、冬日五个部分，每个部分各十二首。

春走远，夏来临。这首诗写的是初夏时节的景象。果园里，梅子金黄杏子肥大。菜园里，荞麦花雪白一片。金黄的油菜花已经落了很多，油菜接近成熟，正在结籽。累累的果实，是对人们辛勤劳动的最好回报。白天越来越长，人们在田间忙碌，篱笆边没有人经过，只有蜻蜓和蝴蝶在飞舞。

如果把这首诗画成一幅画，颜色会特别鲜艳。金黄的梅子、雪白的麦花，还有蜻蜓和各色的蝴蝶，再加上初夏时节万物繁茂生长，绿意盎然。这些鲜艳的颜色，编织出夏天的美丽。蜻蜓和蝴蝶让画面活泼起来，给安静的村庄带来活力。

农业生产不能误农时，这是我们中国人在农耕生活中总结出的经验。"农时"，是进行各种农事活动恰到好处的时节。"多插立夏秧，谷子收满仓"，立夏前后正是大江南北早稻插秧的时候，插秧后又要忙着追肥、耘田，防治虫害。人们每天早出晚归，所以白天很少看到行人，村庄非常安静。夏日田间的辛苦忙碌，是为了秋天的丰收。整首诗蕴藏着人们劳动时最质朴的乐趣。

说说"田"字：田间小路纵横交错

| 甲骨文 | 金文 | 小篆 | 楷书 |

甲骨文的"田"字多种多样，上图的例子是长方形的。田间小路纵横交错，南北向的叫"阡"，东西向的叫"陌"。金文的"田"字简化了一些，基本是正方形。"田"的本义是田地，但在甲骨文和金文中，"田"也常常指田猎。古时候围猎的地块像"田"的形状，所以叫田猎。

说说"梅"字：梅子长在枝头上

金文　　　　　小篆　　　　　楷书

　　金文的"梅"字，下面的"木"代表梅树，上面画了个大大的梅子。小篆和楷书的"梅"字，左为"木"，右为"每"。"梅"，指梅花、梅树、梅子。

宿新市徐公店

[宋]杨万里

篱落疏疏一径深,
树头新绿未成阴。
儿童急走追黄蝶,
飞入菜花无处寻。

新市是个小镇，位于临安和建康之间。这里交通便利，坐车和行船都很方便，是诗人杨万里从临安到建康往返的必经之地。他途经这个小镇，暂时住在姓徐的人家开的店里。

　　稀稀疏疏的篱笆边，一条幽深的小路伸向远方。树上的花朵已经落了，嫩嫩的新叶长了出来，只是叶子还没有繁茂成荫。一个孩子急急奔跑，追赶着翩翩飞舞的黄色蝴蝶。蝴蝶飞入了油菜花地里，蝴蝶是黄的，油菜花也是黄的，怎么找得到呢？

　　"篱落疏疏一径深，树头新绿未成阴。"稀疏的篱笆，幽深的小径，新叶初长出的树木，让人内心宁静而愉悦。"儿童急走追黄蝶，飞入菜花无处寻。"儿童追赶黄蝶，画面由静转动。顽皮的孩子是多么想捉住这只黄色的蝴蝶，他"急走"，他追赶。蝴蝶和孩子捉起了迷藏，它躲进了密密的油菜花中，让孩子再也寻它不着。

　　《宿新市徐公店》这组诗一共两首。杨万里在另一首诗中写道，柳枝发新绿，折几枝插到酒楼，让酒楼也有了春的明朗。虽然在异乡，也当是在家里过寒食节一样，看村庄里的人们为庆祝春社唱歌跳舞，多么快乐。

　　途经新市的诗人，在这个小镇的春天里沉醉，闲适而自在。

说说"儿"字：大头的孩子

甲骨文　　　金文　　　小篆　　　楷书　　　简化字

　　甲骨文的"儿"字，上面是一个大大的头，头顶的中间是开口的，好像婴儿头顶骨没有合缝的地方。简化字把上面的部分给去掉了。

说说"走"字：甩开双臂跑起来

金文　　　　　小篆　　　　　楷书

　　金文的"走"字，上面是一个"人"，他一只手向上，另一只手朝下，仿佛在甩开双臂奔跑；下面的"止"像是一只脚，进一步强调跑的样子。在古时候，"走"是"跑"的意思。

152

57　心生欢喜

江畔独步寻花
jiāng pàn dú bù xún huā

[唐] 杜甫

黄师塔前江水东，
huáng shī tǎ qián jiāng shuǐ dōng

春光懒困倚微风。
chūn guāng lǎn kùn yǐ wēi fēng

桃花一簇开无主，
táo huā yí cù kāi wú zhǔ

可爱深红爱浅红？
kě ài shēn hóng ài qiǎn hóng

"不薄今人爱古人，清词丽句必为邻。"杜甫说，对于今人写的工整的律诗，他并不菲薄；对于古人写的没有严格格律限制的诗，他也很喜欢。杜甫以博大的胸襟吸收各种风格的诗，成为一名杰出的诗人。

杜甫于唐玄宗时代出生在河南巩县，在洛阳长大。二十岁左右曾到过山东、江苏；三十岁以后一直在长安；安史之乱的时候，杜甫已经四十四岁了。唐肃宗即位后，杜甫投奔到凤翔追随肃宗。长安收复以后，杜甫随唐肃宗回到长安。在长安待了不到一年，被贬官到华州，经甘肃而抵达四川，在四川漂泊七八年，再也未回到长安，五十九岁时在湖南去世。

安史之乱后，杜甫离开长安想去甘肃定居，但是他只在甘肃住了半年就转往四川。杜甫到了四川后，先到成都，在成都的浣花溪边盖了草堂，居住下来。饱经战乱、病痛折磨的杜甫，暂时有了安身的地方。花儿开放的温暖春天，杜甫独自在锦江江畔散步赏花，写下《江畔独步寻花》这组诗，一共七首。

"黄师塔"，是姓黄的僧人所安葬的地方。四川人称僧人为"师"，把僧人安葬的地方叫作"塔"。黄师塔前，一江春水向东流淌。微风徐来，阳光暖暖地照在身上，让人身心放松，无比舒畅。桃花开了，一簇一簇，深红的、浅红的，惹人怜爱。"可爱深红爱浅红"，两个"爱"，两个"红"，在同一句诗里反复出现，唱出春天的美好。江水、阳光、微风、桃花，让诗人心生欢喜。

说说"红"字：红色的丝线

紅	紅	红
小篆	楷书	简化字

最开始的时候，是用"赤"字来表示"大红色"的。所以甲骨文、金文中只有"赤"字，没有"红"字。小篆的"红"字的"绞丝旁"表意，"工"表音。"绞丝旁"是一束扭好的丝束的形状。"红"的本义是红色的丝。作为颜色，"红"在古时候指的是略略发白的浅红色、粉红色。今天我们把像火一样红的颜色叫作"红"，指的是大红色。

fēng
蜂

[唐] 罗隐

bú lùn píng dì yǔ shān jiān
不论平地与山尖，

wú xiàn fēng guāng jìn bèi zhàn
无限风光尽被占。

cǎi dé bǎi huā chéng mì hòu
采得百花成蜜后，

wèi shuí xīn kǔ wèi shuí tián
为谁辛苦为谁甜？

蜜蜂群里有蜂王、雄蜂和工蜂。蜂王每天可以产下大量的卵。雄蜂比工蜂大，身上没有蜇针，也不干活。雄峰同蜂王交尾后死去，成为新的族群中工蜂的父亲。

每只工蜂都有自己的工作岗位。有的伺候蜂王；有的帮助蜂王照顾幼虫；有的为蜂房做清洁工作，清理巢室；有的担任守卫的工作，把其他蜂群的蜜蜂或者想偷吃蜂蜜的昆虫赶跑；有的飞出巢穴去寻找盛开的花朵，采集花粉和花蜜，然后由其他蜜蜂把花蜜酿成甜甜的蜂蜜。

工蜂每天一大早就出门觅食，整天进进出出，到傍晚才能休息。工蜂的寿命都不长，少的只有几十天，多的也只能活半年。

蜜蜂为了酿蜜劳苦一生，奉献多而享受少。

唐朝的罗隐，感慨于蜜蜂的辛苦，为蜂写下了一首诗。无论是平原田野，还是高峻的山岭，凡是有花朵绽放的地方，都是蜜蜂的领地。蜜蜂要经历多少的辛苦，才能采尽百花酿成花蜜，而这甜蜜又给了谁呢？

蜜蜂是不会哀伤叹息的，诗人是把自己的想法附加在蜜蜂身上，发出感慨。罗隐年少的时候就很聪明，诗、文都写得很好，但参加科举考试十次，都没有考中。他一生怀才不遇，十分痛苦。在痛苦的一生中，罗隐从对蜂、柳、雪、金钱花等普通事物的观察当中，发出感叹，有的时候是提出问题，有的时候是辛辣的讽刺，有的时候则是表达深藏心底的愤怒，来促使人思考。

说说 "蜂" 字：蜇人的昆虫

小篆　　　楷书　　　简化字

　　小篆的"蜂"字，上面是"逢"，用来表示读音，"逢"和"蜂"读音相似。下面是两条虫子的样子。蜜蜂、胡蜂等昆虫，都会蜇人。

160

与一座山相对

dú zuò jìng tíng shān
独坐敬亭山

[唐]李白

zhòng niǎo gāo fēi jìn
众鸟高飞尽，

gū yún dú qù xián
孤云独去闲。

xiāng kàn liǎng bú yàn
相看两不厌，

zhǐ yǒu jìng tíng shān
只有敬亭山。

李白是盛唐时代的诗人。传说他的出生地在西域，五岁时，他的父亲李客带领全家搬到了四川。"客"有"作客"的意思，所以不知道他父亲的姓名是真名，还是对客居他乡的人的泛称。

五岁的时候，李白就学习关于神仙符咒的书，这段经历影响到他后来的求仙学道。十岁时，李白读诸子百家之书，十五岁学习剑术，曾经到山上访仙问道。十五岁到二十六岁，李白走遍了四川的名胜，在山水之间流连。

年轻的时候，李白希望自己像大鹏鸟一样扶摇直上，神威震动四面八方。在湖北安陆娶了许宰相的女儿后，大约有十年的时光，李白以安陆为中心，到处漫游，结交了很多朋友。四十一岁的时候，道士吴筠把他推荐给唐玄宗。自信的李白想一展抱负，然而皇帝只看重他的文学才华，封他为翰林学士，不让他过问政治上的事情。

李白在京城认识了贺知章。贺知章也很有文学才华。他读了李白的诗文之后惊叹，说李白不是普通人，是从天上被贬谪到凡间的仙人。

李白做官的时候仍然纵情任性，"天子呼来不上船，自称臣是酒中仙"。皇帝渐渐地疏远了他。李白觉得官场并不适合他，于是离开皇宫，又开始漫游。到了山东，李白遇到参加科举考试失败的杜甫，还遇到了高适，三人结伴而游。

李白在公元762年去世，有一种说法是《独坐敬亭山》作于公元761年。那时，李白经历了安史之乱的飘零、被囚禁和被流放的屈辱，已经六十岁了。

"众鸟高飞尽"，鸟儿越飞越远，渐渐消失在李白的视野中。"孤云独去闲"，从"众鸟"聚焦到"孤云"。这一朵云，也渐渐飘走，自在悠闲。"相看两不厌，只有敬亭山。"静立的敬亭山与独坐的诗人，相看两不厌倦。以大自然为老师，天地万物与李白共生，所以他心胸开阔，将人间烦恼事，一笑置之。

说说"闲"字：两扇门中挡上木头

| 金文 | 小篆 | 楷书 | 简化字 |

金文的"闲"字的左右两侧像两扇大门，在门的中间挡上木头，这就表示"栅栏"的意思。后来才引申出"空闲"的意思。

说说"山"字：三座山峰

甲骨文　　　　小篆　　　　楷书

　　甲骨文的"山"字，中间的主峰矗立，两旁各有一座山峰。为什么是三座山峰组成"山"字，而不是两座或者四座、五座山峰相接？"三"在古时候除了表示数目"三"和表示"第三"之外，也常常用来表示"多次"或者"多数"。三座高山连绵的形状，表现的是很多座山相接的样子。

60 清如玉壶冰

fú róng lóu sòng xīn jiàn
芙蓉楼送辛渐

[唐] 王昌龄

hán yǔ lián jiāng yè rù wú
寒雨连江夜入吴，

píng míng sòng kè chǔ shān gū
平明送客楚山孤。

luò yáng qīn yǒu rú xiāng wèn
洛阳亲友如相问，

yí piàn bīng xīn zài yù hú
一片冰心在玉壶。

王昌龄是盛唐时期的诗人。他虽然考中了进士，但大部分时间是在京城之外做很小的官。他曾被贬官到岭南，从岭南归来后任江宁丞，在江宁辅助县令完成工作。几年后，他又被贬为龙标尉。所以，人们称他王江宁或者王龙标。

《芙蓉楼送辛渐》是王昌龄送别辛渐时写的诗。王昌龄此时任江宁丞，江宁就是现在的南京。他的朋友辛渐由润州过江，北上洛阳。润州就是江苏的镇江。头一天晚上，冷冷的夜雨一直在下。王昌龄陪辛渐从江宁到润州，在润州西北的芙蓉楼为辛渐饯别。第二天清晨，王昌龄在江边送别辛渐。想到小船即将隐入远远的楚山之外，王昌龄的心中就涌起了忧伤。王昌龄托辛渐带去口信说，洛阳的亲友如果问起了我，请告诉他们，我的心就像晶莹透明的冰心玉壶一样，磊落光明。

"寒雨连江夜入吴"，冷雨，加上是夜晚，而且朋友即将离别，一切都让人忧伤。寒雨笼罩的不仅仅是江面，更笼罩着人的心。"平明送客楚山孤"，当朋友远去，就只剩下孤单的楚山和孤单的诗人。"洛阳亲友如相问，一片冰心在玉壶。"王昌龄性格比较狂放，不拘小节，得罪了一些人，因此才处于诽谤与非议中，并多次被贬官。王昌龄托辛渐告诉洛阳亲友，自己的内心就像冰心玉壶一样清白与高洁。

说说"寒"字：躲在堆满草的屋子里

金文　　　　　小篆　　　　　楷书

　　金文的"寒"字，由四个部分组成。最外面像是一座房屋的样子，人躲进了屋里。这个字特别突出了人的脚，是因为天冷的日子，脚常常是冰凉冰凉的。环绕在"人"四周的，是一些干草，这些草，可以帮助人来抵御寒冷。最下面的两根短横线，表示屋外已经结了冰。在楷书的"寒"字里，房屋变成了"宀"，冰块变成了最下面的两点，其他的部分是怎样变化的，你发现了吗？

说说 "玉" 字："玉" 和 "王" 的区别

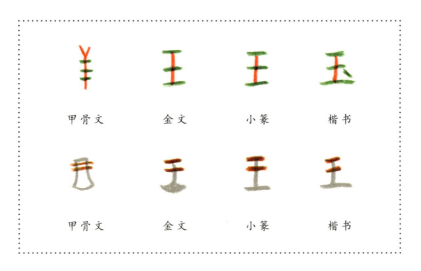

甲骨文　　　　金文　　　　小篆　　　　楷书

甲骨文　　　　金文　　　　小篆　　　　楷书

　　甲骨文的 "玉" 字，是三枚玉石用绳子串起来的样子。古时候常常以 "三" 来表示 "多数"。金文和小篆的 "玉" 也是三块玉石，中间的一横在上下两横的中间，很像我们今天的 "王" 字，但 "玉" 和 "王" 两个字其实并不一样。

"王"字是以大斧头这种兵器为形，作为"王"的权力象征。甲骨文的"王"字，是一把大斧的斧头部分，上面挨得很近的两横，代表的是斧柄两侧突出的断头。金文的"王"字，突出了锋利的斧口部分。小篆的"王"字，表示斧柄的两横还在斧顶，斧身和斧口变成了一竖和一横。甲骨文、金文和小篆的"王"字，中间的一横都往上靠近顶上的第一横，保留着斧柄的形状。

楷书的"玉"字在底横的右下方加了一点，和"王"字区别开来。作为单独的字使用的时候，"玉"字必须带点，但是作为偏旁使用的时候，就没有点了，只是把第三横变成一提，如"珍""琳"等字。

"玉"是有光泽的美丽石头，所以和"玉"连在一起的词语常常有美好的意思。"一片冰心在玉壶"，就是用"玉壶"来表达自己内心的美好。

塞下曲

[唐] 卢纶

月黑雁飞高，
单于夜遁逃。
欲将轻骑逐，
大雪满弓刀。

这首诗很像是我们今天的战地记者发回的新闻报道。在一个没有月亮的暗黑的夜晚，宿雁被惊醒而飞起，雁的鸣叫在寂静的夜里格外清晰。单于借着夜色的掩护，带着他的队伍仓皇逃跑。将军率领轻骑兵准备去追赶，列队出发的瞬间，弓刀上就落满了雪花。

"月黑雁飞高，单于夜遁逃。"前两句诗写"逃"。单于，是古代匈奴最高的统治者。单于带领军队逃跑，说明敌人已经全线崩溃，也从侧面描写出唐朝军队的威武。"欲将轻骑逐，大雪满弓刀。"后两句诗写"追"。此时，正是箭在弦上的时刻，轻骑队怀着必胜的信心，整装待发。"轻骑逐"，快捷的轻骑兵，可以更快地追赶上逃敌。面对敌人，只派出一支轻骑兵，也表现出"瓮中捉鳖"的极度自信。将士们打起仗来有一种勇往直前的精神，即使是如此严寒的夜晚，他们也斗志昂扬。

这首诗只选取了准备追击的一个场景，并没有写战斗的激烈场面，却渲染出了战争的紧张气氛，引发我们无限的想象。

卢纶的《塞下曲》共六首。塞下曲，是古时边塞的一种军歌。这首诗是其中的第三首。

"林暗草惊风，将军夜引弓。平明寻白羽，没在石棱中。"这首诗我们很熟悉，是组诗中的第二首。

唐朝和外族的战争不少，有时候是抵抗外族的入侵，有时候是拓展边疆。不少诗人去过边塞，对边塞生活有体验，写下了很多边塞诗。卢纶的边塞诗，有一腔英雄气充溢其中，令人振奋。

说说"雪"字：用手捧雪花

甲骨文　　　　金文　　　　小篆　　　　楷书

　　甲骨文的"雪"字，"雨"字头下面，是两只手。这个字的意思是，雪是凝结的雨，可以用手来捧住它。因为"雪"是白色的，所以在古诗中常常以雪喻白。

说说"弓"字：弯曲的弓背

| 甲骨文 | 金文 | 小篆 | 楷书 |

　　甲骨文的"弓"字，就像是将士所用的弓，左边是弓背，右边是弓弦。金文的"弓"字，省掉了弓弦，只剩下弯曲的弓背。小篆从金文发展而来。到了楷书，已经看不出弓的样子了。

墨梅

[元] 王冕

我家洗砚池头树，

朵朵花开淡墨痕。

不要人夸好颜色，

只留清气满乾坤。

王冕出身于一个贫寒的家庭，家里没有钱送他去读书，他小小年纪就要去放牛。王冕很羡慕别的孩子能去学堂读书，他常常偷偷地跑到学堂去听先生讲课。到了晚上，王冕就到庙里去读书。庙里的灯是长明灯，点燃以后，直到灯油烧尽了才会熄灭，所以王冕可以在庙里读很长时间的书。深夜的寺庙，更加清冷，长明灯的闪烁中，王冕在安静地读书，丝毫不觉得寂寞。

王冕的好学，打动了知识渊博的韩性，韩性把他收为学生。王冕屡次参加科举考试都没有考中，后来他就不再参加了。有人推荐他去做官，王冕坚持不去。他说："我有田耕种，有书可读，没有必要早晚抱着案卷站在庭下，被人当作奴隶来驱使。"王冕隐居在山中，种下很多梅树，搭建了几间茅屋，还给自己取名叫梅花屋主。他喜欢画梅，尤其擅长画墨梅。

不管是画梅，还是用诗歌来咏梅，王冕都在用梅花来比喻自己操守的高洁，用梅来表达自己内心的声音。

在《墨梅》中，王冕说，我家的洗砚池边生长着一株梅树。洗砚池，是写字、画画以后洗毛笔和砚台的水池。每一朵梅花都是淡淡的墨色，好像是墨迹晕染而成。梅花不需要别人去夸赞它的颜色好，它在意的是把清香长留在天地之间。"不要人夸好颜色，只留清气满乾坤"，王冕将清高正直之气，寄托在梅花之中。

说说 "冕" 字：戴上高高的官帽

甲骨文　　　金文　　　小篆　　　楷书

　　甲骨文和金文的"冕"字，下面是一个人，上面是一顶帽子。到了小篆，在"免"字上面再增加一顶帽子。冕，是大夫以上的贵族戴的礼帽。父母给王冕取这个名字，有可能是希望他能成为戴着高高官帽的人。但王冕听从自己内心的声音，守住自己的正直之气，像梅一样度过了高洁的一生。

说说"气"字：三根飘动的线条

三　　气　　气　　气

甲骨文　　金文　　小篆　　楷书

　　甲骨文的"气"字，三根线条仿佛空中的云气。金文和小篆的"气"字，云气好像弥漫开来，形成有趣的形状。